Sammlung Luchterhand 2074

Norbert Hummelt (geb. 1962 in Neuss) hat mit *Zeichen im Schnee*, seinem ersten Gedichtband in der Sammlung Luchterhand, großen Anklang gefunden. Er erhielt für diese Gedichte den Mondseer Lyrikpreis, den Hermann-Lenz-Förderpreis, das New York-Stipendium des deutschen Literaturfonds, und *Die Zeit* ernannte Norbert Hummelt zum »Stadtschreiber von Vineta«. In seinen neuen Gedichten macht er sich auf den Weg zu den stillen Quellen, die er an lange nicht mehr besuchten Orten seiner Kindheit findet, die im Halbdunkel der Erinnerungen und des Traumes fließen. Er befragt und tastet seine Herkunft ab, spürt Werken der Kunst und der Literatur nach, die alten und neuen Kriege hallen in seinen Versen nach – und Norbert Hummelt stellt unter Beweis, daß er unter den bedeutenden Lyrikern deutscher Sprache mit seinem eigenen, unverwechselbar melodisch-präzisen Ton einen festen Platz gefunden hat.

Norbert Hummelt
Stille Quellen

Gedichte

Luchterhand

FSC
Mix
Produktgruppe aus vorbildlich
bewirtschafteten Wäldern und
Recyclingholz oder - fasern

Zert.-Nr. SGS-COC-003091
www.fsc.org
© 1996 Forest Stewardship Council

Verlagsgruppe Random House FDC-DEU-0100
Das für dieses Buch verwendete FSC-zertifizierte Papier
München Super liefert Mochenwangen.

2. Auflage
© 2004 Luchterhand Literaturverlag, München
in der Verlagsgruppe Random House GmbH
Umschlagkonzeption und -gestaltung:
R·M·E/Roland Eschlbeck
Fotografie S. 2: Jürgen Bauer
Satz: Greiner & Reichel, Köln
Druck und Einband: Graph. Betrieb Bercker, Kevelaer
Alle Rechte vorbehalten. Printed in Germany
ISBN 978-3-630-62074-9

www.luchterhand-literaturverlag.de

Vor deiner Haut beginnt die Fremde.
Hermann Lenz

stille quellen

turner, tod auf einem fahlen pferd

am ende malte er zwar nur noch licht
doch das erklärt die dunkelheiten nicht
den halben rumpf wie er im schatten
liegt wie quer zum widerrist sich das
gerippe wiegt den arm die knochenhand
nach vorne ausgestreckt den bleichen
hals des tiers durchkreuzend wie es
steigt u. scheut reckt es die nüstern
höher in die düsternis von ihm geritten
den sein rücken kennt hoch aus dem
gleißenden weg von der glut nach vorn
zu licht zerrieben bis der firnis brennt

spuren

man weiß die zebrafinken hören noch im schlaf
gesang der artgenossen, um nicht zu verlernen
was es bedeutet zebrafink zu sein .. man hat die ströme

ihres hirns gemessen, mittels elektro-enzephalograph.
der junge ahnenforscher nutzt das internet, speist neue
namen ein u. weitet die bezüge, u. einmal kommt ein brief

aus übersee u. zweimal blinkt es hier auf dem a. b.
da ist nichts drauf. man hört nur jemand atmen
aus weiter ferne kommt ein räuspern her, die erbanlage

niederrheinisch schwer, was da im hals steckt ist nicht leicht
zu lösen: die flache blaue dose mit der weißen schrift
die dunkeln rautenförmigen pastillen, die mußt du lutschen

in der dunkeln nacht. die zunge taub davon, nicht mehr
zu willen. mich hat das träumen immer völlig krank
gemacht: da waren schatten die sich immer wandeln

reh das vom himmel fiel wird sturz der *challenger*
wird schwarzer panther der nur scheinbar schlief wird bild
des bösen, engel luzifer – was ist der urgrund aller dieser bilder

der junge ahnenforscher nutzt das internet, vernetzt new
york mit swidnica mit andernach. irgendein urgroßonkel
blieb vor wien, grab unter vielen, lage unbekannt, auch diese

linie ist früh erloschen. was willst du mit den ganzen daten
sprich: wo kommt das ziehen her in meiner linken brust
wie ich die kopfhaut immer kontrahiere. warum ich

mich auf diese seite drehe, leicht angewinkelt nur um
einzuschlafen hör ich bei nacht die eliot-cassetten
halboffnen munds verwundert unverwandt.

nocturne

man weiß noch nicht was gleich im schlaf
geschieht aus zufall nur fühlt deine hand
mein glied es sind die dinge der sichtbaren

welt dafür gemacht daß man sie blind behält
als etwas schwebendes das sich verwandeln
kann ich sah die wolken immer für gebirge an

hoch wie massive einstmals die aus badeschaum
von meiner brust sich hoben wenn im urvertraun
ich nur die arme etwas aus dem wasser ließ u.

tiefer tauchte bis mein kopf anstieß u. glitt
die schädelnaht am weißen wannenrand es
lag mein leben nicht in meiner heißen hand

trance

vor meiner regenbogenhaut beginnt die fremde
manchmal schon hier in deinem dunklen haar
wir küssen uns u. reden ein paar worte ich gleite
fort u. bin schon nicht mehr da .. ich werde
wach wie wir im auto fahren ich selber steuere
der wagen hält in einer kurve eine weite aussicht
wir blicken ab in eine ferne welt .. unten im
kurhaus peilten sie die lage u. jeden abend falls
die sage stimmt ließ sich der feldherr auf die höhe
fahren wo ihn das schauen über tal u. hügel in
einen zustand leichten dämmerns bringt .. er gibt
sich hin dem tiefen glanz der sonne u. hört von
westen wo die front verlief so untergründiges
u. fernes grollen das er ins kurhaus mitnahm
wenn er unten schlief .. ich werde wach u. spüre
deine haare ein fernes grollen zieht um deine
stirn wir küssen uns u. lauschen in die fremde
wo eine trance verebbt in meinem dunklen hirn

transit

wenn meine finger jetzt so oft erkalten
u. an zu kribbeln fangen bis die hand
einschläft dann kommen sicher auch im
traum gestalten durch einen schleier nur
sind sie von uns getrennt da siehst du
es wie sie mit armen schlagen damit das
blut zurückläuft in die bleichen kuppen
daß sich die bilder nach u. nach verpuppen
so unerforscht ist dieses grenzgebiet wie
wenn man nachts in leeren s-bahn-zügen
auf einer strecke die man nicht so kennt
zwei augen fiebernd über zeilen fliegen
u. einen mund sich stumm bewegen sieht

jenseits

schlagen sie wieder die heringe ein? quillt
etwa rauch empor zum roten abendhimmel
u. gleich nimmt einer die mundorgel vor?
hier durch das dickicht dringt kein bild, kein
singen, u. nicht einmal ein stechender geruch
hufspuren sind da, nasse erde, den reitweg
hoch bis zu der gabelung, die luft ist schwül
das greift die pumpe an; der wald verliert
sich; selbst auf der kuppe sieht man nicht
so viel. der tankwart zweifelt, ob hier zelte
waren. einer der tankenden bestätigt: nein
ein schullandheim hat es hier nie gegeben
du nimmst die frage mit u. läßt das halbe
glas mit apfelsaft dort auf dem tresen stehn
auch auf dem fluchtweg schräg hinab ins tal
zurück zum auto bei der wilden böschung
gibt es kein abendrot, kein fernes singen, da
qualmt nichts u. niemand schlägt heringe ein.

mauersegler

so schrill ihr rufen so reißend ihr flug so
sichelförmig die verrußten flügel fremd
in der stadt wo ich nicht lange bin darf
ich wie sie nie ganz den grund berühren u.
stoße mich nur von den weißen mauern
aus einem traum gerissen u. verfolgt von
ihnen u. meine augenlider sind wie weg-
geschnitten an einem julimorgen derart
heiß u. hell als ich noch reglos in den laken
klebe so unter schreien sicheln sie dahin

die stare

abdrehende schwärme wo ziehen sie hin
den abend nicht hier noch woanders zu
orten so war in der nacht da ich straßen
durchstrich die u-bahn versäumte u. alles
verblich u. hielt vor der lange vergessenen
türe kein licht da kein name kein schild zu
erkennen nur drehen u. schwärmen es roch
nach parfüm für eine sekunde dann wieder
vorüber die jahre wie flogen die stare wohin

die schatten

was sind das für streifen was schrickst
du so stumm was tigerst du nachts in
der wohnung herum ist vollmond oder
ich greife nur fell ich ziehe die nächste
nacht ins hotel .. oder ist nachtflug u.
fliegen sie wieder so tief die sirenen
ist feueralarm du liegst ja halb auf-
gedeckt ist dir zu warm es ragen die
schatten hier rings an den wänden ich
suche nur immerzu nach deiner hand

der weg zurück

scheint auch ihr dämmernder sinn
traumlos nach innen gekehrt
nächtlich geweiteten augs
nahm sie die kissen im sprung
spürten wir sanft einen druck
der unsern körpern nicht galt
pfoten erinnern sich hell:
milchtritte auf deiner brust ..

lützschena

bereits die schwüle wirkt wie ein zitat aus
einer andernorts genannten quelle. es waren
wasserlinsen auf dem kleinen teich. ich hab

die seite in dem buch verschlagen, aber du
kennst es sicher u. du weißt die stelle. es rührt
sich gar nichts u. man meinte kaum daß sie

erscheinen würde von der manche sagen sie
ist nur vorgegangen u. wir kommen gleich
jetzt ist ein knacken hörbar vom elektrozaun.

das glück bei eichendorff

erst gegen abend klart es wieder auf zu
spät um nochmals vor die tür zu gehen
da bleibt mein herz bei den regalen stehen
erst kaum geahnt lag jener frühe reiz in
den paar büchern mütterlicherseits von
denen ich die schmalen rücken sah sie
wurden abgestaubt u. waren immer da wie
aber las er sie in welchem dunkeln sinn
gab er sich innerlich den hellen bildern hin
u. träumte sich aus einer engen kammer
um dessen tod herum ich erst geboren bin
wieso warum hat er nichts unterstrichen
ich hätte gerne unsern strich verglichen u.
weiß ja nicht mit welcher hand er schrieb u.
welche lahm hing seit dem ersten krieg erst
gegen abend liest man klart es wieder auf

im vierten sommer

das erste bild das ich konkret entsinne
stieg aus dem dunkel auf das immer um
mich war als ich die dinge fast noch ohne

worte sah .. ich lief, ich stolperte, ich wurde
hochgehoben, auf einmal bin ich auf dem
traktor oben u. weiß nicht mehr wohin die

andern sind .. die luft ist unsichtbar, die luft
ist warm, die sommersprossen sind an
meinem arm u. muster sind in meine haut

verwoben, die bleiben so, daran erkenn ich
mich: so punkte, linien, gefärbte zeichen
u. jucken nicht so wie ein mückenstich

der spaziergang

»weißt du denn auch«, so fragte mein vater
während wir langsam am bahndamm
gingen, die ginsterbüsche zu blühen
anfingen, »weißt du, wie der erste
dichter hieß? – der hieß nämlich nebel,
denn es steht geschrieben«, wir waren
auf einmal stehen geblieben, ich war noch
im wachsen, ich wog hundert pfund:
»dichter nebel lagerte über dem abgrund ..«

debita nostra

vier weiße stellen auf den fingernägeln
das sind die zeichen, das müssen sie sein:
ich habe dem vogel kein futter gegeben
ich habe zu lange an etwas gedacht
ich habe die zeitungsbilder gesammelt
ich habe den fernseher angemacht.
das sind jetzt alle mir bekannten sünden
die unbekannten schließe ich mit ein.

milchsuppe

es sind zwei freunde, die sich dunkles teilen
ich habe kirsch-, er apfelsaft gewählt. doch
das bemerkt er kaum, es gibt so viel zu reden
wie kann er schauen, wenn er nur erzählt?
wie prägt er sich das noch so unscheinbare
brandloch im wachstuch, die tapetentönung
das alte bild im flur, die uhr, den gashahn ein
mag sein, er nutzt das tischgebet, das für
ihn ungewohnte gemurmel dreier stimmen
das den raum erfüllt, nur er ist unbeteiligt
u. er schaut sich um: da sind die wände
von kalendern schwer, die niemand abreißt
doch wir sind noch jung: es gibt unendlich
vieles, was zu sagen ist. man denkt, er
rührt dabei nur etwas in der milch herum
u. hat kein auge für die röhrennudeln
doch irgendwann ist auch sein teller leer
wo nimmt er später die genauen bilder
den blick fürs dunkle u. das schweigen her.

adern

die altersflecken, der melissengeist
das unangebrochene birkenhaarwasser
in dem zerknitterten geschenkpapier
ganz überstäubt mit hellem vogelsand
in der erinnerung, in einer weichen hand.

stargazer

der stern steht auf dem zacken, die zeichen
wenden sich um, schwarz ist
nicht gleich schwarz, der letzte bus
ist längst schon über land gefahren

du ziehst den regler hoch, doch darum
geht es nicht, schon eine treppe tiefer, wo
die schwester schläft, wird diese sprache
gar nicht mehr verstanden

es weiß ja keiner, wer den zirkel bricht
erst das gitarrensolo, das so soft
beginnt, erscheint imstande, etwas
auszudrücken, das niemand ahnt u.

dich von allen trennt .. sonst kannst du
dich schlecht äußern, doch du fühlst
extrem, unter den narben, unter
der creme: das glas bewegt sich. es

bewegt sich nicht: schwarz ist nicht
gleich schwarz, das glas
kippt um, der letzte bus
ist längst schon über land gefahren.

lochblech

der apfelbaum hat dieses jahr übersprungen
das wird nichts, soviel man vom fenster
aus sieht, doch da sind manche von den

alten sachen, da hänge ich dran u. die geb
ich nicht weg. weißt du, die kleine kristall-
blumenvase, auch butterteller wurden viel

geschenkt, die zwiebelmuster u. die sammel-
tassen, nach fünfzig jahren, wenn man daran
denkt .. wo landet das alles, was bleibt mal

über, in kellerräumen, in kartons versteckt
vor heizungsrohren, im staub, bei den asseln
zurück im dunkeln, wenn der tag sich senkt.

stille quellen

die ärzte holten ihn zweimal zurück, dann fiel er
zum dritten mal unter dem hochamt, wo er hart
aufschlug, früh u. im licht; im holz der kniebank

ist die kleine kerbe längst nachgedunkelt in der
maserung, nur den gedanken eine stille quelle
da man zusammensaß noch in den letzten jahren

wobei die wasserkästen stets ein thema waren
bei schnittchen kalt u. im gespräch begriffen, an
dem ich meistens nicht so recht beteiligt bin. ist

es dann zufall wenn ich nachts erwache u. im hotel
den apparat anmache u. zappe in die reportage rein
nahtoderfahrung, wie die das da nennen; schon

seltsam, wie in analogen bildern von einem tunnel
immer u. von einem licht die rede ist u. patienten
schildern, wie ihre seele auffliegt, nur der körper

nicht. ich kann das jetzt um diese zeit nicht sehen
nicht in palermo u. nicht so allein. ich sollte
duschen gehn u. durch die straßen laufen bis hin

zum meer, weil bald der tag anbricht; u. eine bar
wird sicher offen sein u. eine kirche wo sie früh die
messe lesen, still oder nicht, mit brocken auf latein.

rheinprovinz

schollen

noch einmal bricht das eis u. sie erzählt mir
wieder wie etwas graute u. zu ende war: der
alte herd .. der kalte krieg .. in meinem kopf
läuft die maschine langsam dann ist auf ein-
mal die verwandlung da: von neuem strömt
das körperwarme wasser das eis in schollen
trieb es auf dem rhein in einer chronik ist das
nachzulesen die kubakrise noch nicht lange
her erst morgens war er in der stadt gewesen
es war ja damals nicht so viel verkehr still
in der wiege oder auf den armen der nach-
geborene der enkelsohn horcht auf die laute
die ihn nah umgaben man hatte noch nicht
lange telefon u. eine stille war da wie gerade
eben der anruf kam als aller schnee schon
taute die erde rissig wie vor vierzig jahren
wenn auch die brüche nicht so sichtbar sind
in seinem sessel sitzt du aus dem alten holz

fremde

jetzt wo ich wiederkomme steht das gras
so hoch da sind die brennesseln u. ich
verschwinde fast bis zur betäubung

zwischen den kamillen .. es fehlte nur
noch daß die glocke ruft jetzt ist mein
denken weit zurückgestuft da ist der

ungegangene da ist der alte weg lang
wie der nachmittag die welt ist jung
unter den farnen in die dämmerung

rührmichnichtan

ich kann die wiese nicht mit augen messen
ich überblicke ja nicht einen zoll ich
weiß nur daß man die herkulesstaude nicht

anfassen soll .. mir ist auch so schon meine
haut gerötet weil in den nesselwäldern nah
am fluß wächst wieder springkraut aus dem

kaukasus .. das ist mir sonderbar so nah am
rhein kann es unmöglich doch den ganzen
weg vom kaukasus bis hier gesprungen sein

so fühle ich so fragen meine finger die kapsel
leise mit der haut doch dann schnellt eine
antwort aus dem kapselinnern: rührmichnichtan

flimmer

vielleicht am wegrand irgendein ding
das wie ich hinsah zu leuchten anfing
ein kronkorken, römische kaisermünze
in schiefer gefaßtes meeresfossil
eingeschlossen seit jahrmillionen jetzt
wart mal mir ist was ins auge gekommen
jetzt halt doch mal still
weil ich das schwarze aus deinem auge
das rudernde tier da herausfischen will

elektrischer nie

gewitterneigung über der stadt, aber ich
möchte noch sitzen u. lesen im arm u.
funzelig erhellten hofgeviert, verirrte
fledermaus in dem der freundin garten
klimaanlage von irgendher erfüllt mit
rauschen auch zur nacht die luft / wie-
viele stunden, entzündungen noch im
leichtgeschürzten, *durchblitzten* zustand ..

stock der straße

schwer dich zu denken als mädchen, kaum
zehn, über den niedrigen vorgarten-
mauern dich, deinen wippenden haarschopf

zu sehn .. kaum vorstellbar, du bei den
butterblumen, im schotter, dort wo
die baulücke war, auf halb verwildertem

firmengelände, wo alles noch wie nach
dem angriff aussah .. kaum denkbar, du
tanztest wohl gummitwist, fern auf der

halde, am zaun, vor zement, u. schlagläden
sind vor den fenstern gewesen, wenn
du im schlaf erzählst, kann ich sie sehn.

ahnung

die fliege huscht über die fingerkuppen
ich habe dich neben mir atmen gehört
wetterleuchten, dann erste blitze
ich habe bis vierundzwanzig gezählt
dann scheints ist ein toter durchs zimmer
gegangen, ich habe den kälteren
luftzug gespürt .. wie kann es sein, ist
denn mein blut so süß, daß jene
mücke, die ich vage ahne, die ganze
nacht nicht mehr von meinem körper ließ

der leuscheid

man ginge nicht in den leuscheider wald
so sagten die leute so sagt sie man ginge
nicht da wo die wege sich gabeln nur bis
zum waldrand als kind u. nicht weiter der
wald sei immer der dämon gewesen sie
führt ihren kleinen hund an der leine man
könne im wald kilometer weit laufen bis
siegburg bis köln sie sei nie da gegangen
es hätten sich leute darin verlaufen die
wege verlören sich sagt sie die leute man
ginge bis da wo die brombeeren wüchsen
so sagten die leute bis da u. nicht weiter
u. wollte ich noch genaueres wissen ich
müsse im ort vor dem waldrand fragen
da vor dem hügel am leuscheider wald

auf dem lüderich

kopf dieser gegend auf den drähte führen
der römer hört man hat hier erz geschürft
hier oben gehe ich nicht weit nicht schnell

also geschah es daß ich mich verlief als
ich schon glaubte daß mir nichts begegnen
würde u. nie ein vogel mehr mich von der

seite rief ist eine wäscheleine durch den
wald gespannt tropfnasse hosenbeine eine
badewanne da zur tränke weder vieh noch

mensch zu sehn; ein wohnwagen wie's scheint
mit sat-antenne; ein stapel brennholz eine
eulenfeder; bald dunkel ist es; muß ich gehn ..

laudes

gesang der vögel vor dem ersten licht
verhinderte daß ich noch schlafen konnte
doch richtig wach gemacht hat mich ihr
lärmen nicht noch war da ruhe über mir
so lang ich lag die suchscheinwerfer von
der bundesstraße sie suchten mich schon
lange vor dem tag um vier uhr nachts warf
ein bewegungsmelder durchs rautenfenster
seinen kalten schein wer weiß ein tier so
nah ans haus gekommen auf der matratze
rücken krumm gebogen wand sich ein körper
von geburt allein die ganze nacht war dieses
lichterhuschen doch aus dem kühlschrank
eine büchse koffein hat mir erst wirklich in
den tag geholfen so kühl u. zuckerhaltig u.
es zog mich hin zum hügel ostwärts wo die
stelen stehen in meinen augen noch den rest
von schlaf hab ich ihn lautlos mich passieren
sehen lang wie ein schatten aus der ersten
sonne den ersten toten den ich morgens traf

windbruch

wie diesig es ist. verschwimmende ferne
wir folgen dem blauen andreaskreuz
dort drüben, heißt es, auf dem nächsten
hügel, wurden die letzten soldaten
verheizt. hier dieser fels, das ist alles
quarzit. ich weiß nicht genau. man sieht
hier nachts sterne. u. für den fall, daß
dies dort lerchen sind: es ist mir einzig
wichtig, daß sie weiter schwirren u. daß
mein nacken weiterhin dein streicheln spürt

beilstein, aus den annalen

zu zehn familien rückten sie an, vom rhein herüber
so mit sack u. pack; die durften hier dem burgherrn
frondienst leisten; zum sabbat zündeten sie weiße
kerzen an: zu sehn im schankraum auf dem alten
stich, gemacht nach einem ältern ölgemälde .. aus
welchem haus kam ein gedämpftes singen; stiegen
sie sonntags wieder in den weinberg hoch, während
die andern unten in die andacht gingen? dann fährt
da drüben jemand mit dem auto vor u. setzt mal
eben mit der fähre über, moselaal blau läßt er sich
irgendwo servieren von einer schwarz gelockten
kellnerin .. vielleicht erscheint uns der apollofalter
während wir zwischen den rebstöcken gehn, oder
du meinst die smaragdeidechse, wenn wir nur lang
genug in dieses flirren sehn .. im schatten oben, auf
schieferterrassen, unter den bäumen, älterer bestand
umfriedet alles, u. man kommt nicht ran. ich stehe
da mit einwegkamera, kann keine steinchen auf die
steine legen, nur ein paar einzelne namen entziffern
geburts- u. sterbejahre, doch die brechen ab .. beim
roten weinbergpfirsich laß uns weiterreden, ich lenke
gar nicht von der sache ab, die luft ist heute nur ein
wenig drückend u. kein apollo weht von grab zu grab

woppenrother elegie

im wald war wieder keine menschenseele
jetzt weiß ich erst, was totensonntag heißt
hier ist nur die lichtbrechung zwischen den zweigen
u. dann ein ton, der die stille zerreißt
die lerche oder der düsenjäger
wer von den beiden ist tiefer geflogen
über den zwittrigen wipfeln der bäume
über dem waldboden, trittschallisoliert
ein vers von eichendorff hat mich noch nie betrogen
doch hat mich die topographische karte, 4 cm = 1 km,
im zweifel noch stets in die irre geführt ..
die starfighter haben die stille zerrissen
durchbrachen die schallmauer, wieder u. wieder
zwar sind jetzt nicht mal mehr die amerikaner hier
am zaun bei der schonung noch patronenhülsen
in schinderhannes' verwaistem revier ..

im dorf hat die einzige wirtschaft geschlossen
ich kann weder lesen noch telefonieren
kann nur die rauchschwalben zählen im hof
in dachtraufen, dann auf der hochspannungsleitung
lavendel-raumspray ist ganz wirkungslos
einer ging auf ein bier, kam nicht wieder,

die bushaltestelle: hier wartet kein kind
der einzelne weizenhalm unter dem wind ..
der wald u. die felder, wellig u. flimmernd
unwirklich, irgendwie künstlich bewegt
hier fuhren die alten harvester-traktoren
auf die sich seit langem ein schmutzfilm legt ..
da sagt der landmann: *eich saach immer,*
sgibt kei baum wo kei schadde hat,
man trank den 59er-jahrhundertwein
auch 71 war kein schlechter jahrgang
für seelenmessen u. sechswochenämter
das kannst du nicht wissen, du warst noch zu klein ..

allein das stadtkind erinnert sich anders
im wald das bild vom roten fingerhut
braucht weder zahlen noch figuren
der mohn sprang auf u. es war alles gut ..
ich hing am glockenseil im turm der waldkapelle
u. schwebte sekundenlang über der erde
der starfighter, starfighter sprengte die stille
am tag vor der kirmes, als die sonne so stach
nun laß dich doch bitte nicht immer so ziehen
wir suchten den weg nach dem sauerbrunnen

bis das gewitter die schwüle brach ..
es gab keine felsspalte dort in der nähe
da waren zwei bis auf die haut durchnäßt
u. abends, als doch noch der doktor kam:
das glüht ja, das kind, das muß sofort ins bett ..

das sind, wie alles, nur momentaufnahmen
ich weiß nicht, wo ich mich hinwenden muß
ich hänge nur so an den einzelnen dingen
wie dein von gräsern umspielter fuß ..
wie wildkirschen, stachelbeeren, heidelbeeren u. schlehen ..
was ist der wolkenschatten, was die himmelsfärbung
was ist diese lichtbrechung zwischen den zweigen ..
ich habe den kreisenden bussard gesehen
wie er sich ganz der thermik überläßt.

kastanien

ledrige kapseln, stachlig, aufgesprungen
in einem torweg wo ich laufen kann
kastanien sammeln, dann im wildpark

winters, schon ihre knospen, klebrig, vor
dem eisengitter, auf einen augenblick
sieht mich ein fremder mann .. ihr erstes

weiß läßt mich sofort erschauern wie es
im fenster eines ICE-abteils auf höhe
mäuseturm an mir vorüberfliegt sind auch

die blüten noch nicht völlig aufgebrochen
die rispe zögert, sie erstrahlt noch nicht
als weiße kerze im diffusen licht ist

eine wunde eben eingeritzt u. ist doch
eigentlich kein grund zum trauern u. nur
wenn niemand gegenübersitzt wenn sich

das fenster auch nicht wirklich öffnen läßt
preß ich die stirn ans glas u. starre starre bis
die geschwindigkeit mir jedes bild entreißt

das haus george

ich habe das fieber schon in mir gefühlt
u. bin doch immer noch weitergegangen
am ufer wo eine seltene schlange heimisch
sein soll so sagt ein schild u. finde mich
an derselben stelle fast schon im dunkeln u.
aufgewühlt wo ich vor jahren telefonierte
u. eine todesnachricht erhielt .. auf einmal
muß ich mich ganz entleeren das kam so
ich weiß nicht ich reiste allein die fähre hat
mich mit über genommen ich ging zu fuß auf
einen hohen stein .. ist da der abgebrannte
märchenhain ich sehe undeutlich auf dieses
bild ein haus liegt finster u. geschlossen da
ich habe die schlange schon in mir gefühlt

wasserspiegel

dornseiff verzeichnet nur *hungersteine*
aber mein vater sprach immer von den

hungerbänken sichtbar bei niedrigem wasser-
stand oftmals im rhein wenn wir lastkähne

kuckten aber auch sonntags beim ausflug
zur ahr die in den sommern nur ein dünnes

rinnsal mit wenig wasser um die steine war ..
die flachen kiesel aus seiner hand flitschten

so über die wasserfläche sechs- oder achtmal
in kurzen sprüngen leicht u. geräuschlos dann

tauchten sie ein .. jetzt muß ich wieder so oft
an ihn denken vermute ihn nah bei den bänken

im licht irgendwo zwischen den steinen ge-
spiegelt mein vater benutzte den dornseiff nicht.

aus der stammgegend

sprachgesteuert wähle ich mein stillstes foto: das
mit den einwärts gewandten augen, im nicki oder
im strickpullover, zwischen den zöpfe tragenden
schwestern, die unbefangen zum betrachter sehn ..
der mit den einwärts gewandten augen, mit hellen
locken, der so *drinne* schaut, jahre später auf dem
ebnen weg, die erft entlang in richtung helpenstein
nur wenig oberhalb des brückenwehrs, wo links
das feld ist, rechts der auenwald, u. in der ferne
(was man ferne nennt, so lang die welt noch hinter
anstel endet) erkennt man schon den damm wo
niemals schienen liefen, den rätselhaften, für den
krieg gebaut .. wärst du, marzellus, deinerseits
der jüngere, mit dunklen locken, zur selben zeit
den selben weg gekommen, in gegenrichtung
noch an vaters hand, an der ich meinerseits
noch halb in träumen ging, wie hätte man sich
da bemerken können, der eine vielleicht einen
kronkorken kickend, der andere mit den wolken
beschäftigt, still mit den einwärts gewandten
augen, sprachgesteuert, richtung helpenstein.

neusser radierung

da stand er dann mit seinem skizzenblock u. sah
das münster an aus der distanz u. er skizziert mit
gut geschulter hand das hafenbecken wo der pegel
steht den qualm der dampflok glaubt man nicht
so ganz weil sich der zug nicht zu bewegen scheint
der künstler hat das so u. so gemeint .. im atelier
der freund u. kupferstecher nimmt er die platte u. er
streicht sie ein mit harz u. wachs u. mit der nadel
zeichnet er was er gesehen hat zumindest ungefähr
legt das metall frei daß ein bild entsteht das den
geruch der hafengegend trägt halb süß halb fade
hing der wie ein tuch über den straßen wo man
immer ging was süßes muffiges das uns den atem
nimmt zog in die zeichnung wurde eingeätzt in
dem moment als er die säure gießt u. er radiert
mit kalter nadel fort nachdem die deckschicht
abgenommen ein erster probedruck gezogen
ist .. es kam die zeit da sieht er nicht mehr gut
nachts ist verdunkelung bei tag der dunst uns
blieben bilder so wie dieses hier geätzt vergilbt
doch mit dem ganz bestimmten ölmühlengeruch

legenden

anderswo

ich weiß schon, es ist nur die luftbefeuchtung
dies stete rieseln in den räumen hier, doch
hör ich es anderswo unentwegt rauschen
das kommt von dem bild da, der mönch
am meer. noch nie zuvor von so nahe
gesehen. was ist das, der dreht sich ja fast
zu mir her. das ist wohl die leinwand, die
langsam verwittert. ein haarriß, der unter der
farbe sich rührt. fast unheimlich brüchiger
pinselstrich. am dunkeln gestade allein stehe ich ..

waldschwimmbad

als ich nicht wußte, ob des lebens mitte
vielleicht noch vor mir lag, vielleicht
auch schon passé, gleich einem abblend-

licht, das ich im außenspiegel an einem
sommerabend überholen seh, befand ich
mich im freibad unter heißem himmel

von kühlem wald umgeben, was ein zufall
war. in einem plastikbeutel, den ich mit
mir führte, war neben handtuch, shampoo

sonnenmilch noch etwas kleingeld u. das
buch von dante, in dem ich eben erst die
ersten strophen las u. das ich bislang nur

vom drüberreden kannte. der zufall wollte
es, ich war alleine hier, roch chlor, roch
gras u. das parfüm von fritten u. hörte

stimmgewoge hin u. wider schwellen
vermischt mit sprunggeräuschen vom
dreimeterbrett, gebrüll von jungs u. dem

unendlich schrillen ruf eines mädchens
das man untertaucht. u. an den hellen
u. gebräunten körpern in bademoden

aus dem alten jahr sah ich auch manche
ungeschützten stellen, wo erst kein träger
mehr u. dann nur röte war. ich sah nach

meinem beutel, nach der sonnenmilch, an
mir herunter u. begann mich einzucremen
so gut es ging. ich mochte nicht um fremde

hilfe fragen u. saß dann nur u. träumte vor
mich hin u. dachte nicht, daß ich für andre
sichtbar wäre, bis ich umringt von einer

ganzen gruppe bin: so jungs halt zwischen
zwölf u. 15, halb frech, halb freundlich
aber weiß man nie. ob dieses buch von

mir sei, möchte einer wissen: zeig her
wie heißt das: *dante galerie* .. ich rieche
keinen chlor mehr, höre keine stimmen

ich weiß nicht, ob ich jung bin oder alt
ich sehe etwas in den augen glimmen
u. um die münder einen zug gewalt ..

ringkarree

am letzten tag der großen hitzewelle
im vorgefühl der kühlern jahreszeit
saß ich am ring an der genannten stelle

u. sann auf nichts. doch alle augenblicke
passierte jemand auf dem boulevard
den ich mich nicht zu übersehen traute

u. preßte sich die rechte hand ans ohr u.
sprach so laut ganz ohne gegenüber, daß ich
mich wunderte. ich zog mein buch hervor

u. trachtete danach, mich abzusondern
was für momente beinah zu gelingen schien
doch dann war wieder jemand anders da

u. litt es nicht, daß ich sein tun versäumte
ich nahm's zur kenntnis, aber doch nur so
wie man den regen hinnimmt, der nicht

enden möchte. da wünschte ich bei mir
ein grünes grab, darin man still sein u.
noch etwas lesen könnte. was ich sonst

wahrnahm, glitt nun an mir ab. die bilder
hörten auf zu defilieren. da hörte ich
das pulsen der terzinen wieder u. wandte

mich dem nächsten ring der hölle zu ..

hof in palermo

es knattern vespas hinter meinem rücken
der dom war zu, das mußte ja so sein
der kaiser wünscht jetzt nicht gestört

zu werden, er träumt nur wieder von der
falkenjagd, palmen u. stein u. staub u.
mosaike, u. wie er verse machte ganz

aus klang u. reim .. man soll ja nicht durch
diese gassen gehn, zu eng zu unsicher zu
non capisco, u. wo der kaiser mit gefolge

ritt, ziehn nun die vespas ihre kreise enger
u. in gedanken bei den marmorbildern
steh ich im bann u. sehe nicht wohin ..

der gesang der schwarzen letter

unter dem stockfleck ein libellenflügel u.
um die fadenbindung etwas mückenblut
.. lord greystoke junior betritt die fremde
hütte krault sich die kaum behaarte brust
holz der veranda knarzt bei jedem schritt
befühlt die leinen- oder lederdinge u. ich
ich fiebere mit jeder faser mit so weiß wie
kokosmilch ist dieses unbekannte dünner
als palmenblätter glatt wie elfenbein u.
darauf regen sich so viele schwarze käfer
doch als er stillhält da erkennt er nein da
ist kein hauch kein anflug von bewegung
das muß das flirren dieser tropen sein er
denkt an fieber- oder totenstarre u. sieht
da wo sich erste muster zeigen unter den
käfern eine ähnlichkeit wo sich die fühler
panzer beinchen wiederholen fängt da nicht
etwas schon dezent zu murmeln an lord
greystoke junior vergißt die zeit u. wie er
immer nur die käfer ansieht hört er die laute
einer fremden art für die geschwister nicht
vernehmbar im geschlinge dunkel u. behaart
sind es nun seine oder meine ohren in denen

etwas wie von selber singt u. der kompost ist
ein termitenhügel u. jedes baumelnde stück
leine die liane von der ein schrei durch alle
jalousien in eine zugesperrte wohnung dringt

artus war ich

die feder des raubvogels stak in der wiese
es war so ein irgendwie seltsames bild
das ich nicht anders ansehen konnte als
in der art wie ich wahrnahm als kind als
sei die erde etwa nur ein grünes tintenfaß
der weiße himmel aber der sich weithin
wölbte ein freier bogen der sich leicht
beschriften ließe zög man den federkiel
nur aus dem tiefen grün hervor doch
der stak fest darin wie einst excalibur

norbert von xanten

hl. norbert bitte für mich
an deinem todestag ich denke nur an dich
der du wie die legende will
konntest als junker manchen schluck vertragen
bis du im walde fast vom blitz erschlagen
hl. norbert bitte für mich
der du wie die legende will
konntest auf heilignüchternen magen
selbst jene giftige spinne vertragen
welche dir unter den einsetzungsworten
fiel in den kelch den du leertest auf ex ..
u. die legende will es daß die spinne kroch
ohne dir weh zu tun aus deinem nasenloch ..
hl. norbert wie werd ich asket
hl. norbert es ist schon spät
hl. norbert bitte für mich
an meinem namenstag ich denke nur an dich

weißrussischer toast

allein die suppe ist schon ein gedicht
doch erst der cognac, das begreifst du nicht
wie unbeschreiblich ist das reisgericht!
die rote beete wie von selber spricht
wie mühelos läßt sich die welt vergessen
wen gott sehr liebt, dem gibt er so ein essen
in worten, die von meinem vater kamen:
gut geschmeckt. lecker geschmeckt. amen.

abend in wien

im gasthaus ubl sitzt ein mann allein
doch dieser mann kann nicht ernst jandl sein
es ist ein tag, an den ich denken werde
ernst jandl kommt morgen unter die erde

totenzettel rudi molz

vielleicht nur die rauchschwalbe unter
der tenne weiß wies zuging wies kam
daß er fiel sah zu wie so irgendein
schwindelgefühl ließ ihn die stiege
des heubodens missen .. der ich ihn
vor mir sehe noch wie jeden morgen
festen schrittes auf dem weg zum stall
hebt er die hand halb grüßend halb
die luft zu prüfen: ist abgekühlt ist
abgekühlt .. heut wird wieder schwül

nachbild

eins von ihren frühen silberbildern, folie
u. draht auf leinwand, war das erste was
ich von ihr sah: so glänzend u. so leer
u. preisgegeben an kahler wand in einer

finstern bar .. in einem feuchten viel zu
weiten keller darin das auge jeden halt
verliert nur ihre wackligen verwischten
fotos auf zarter leine in den raum drapiert

auch die objekte die sie bunt bedruckte
sind nun getaucht in einen film aus zeit
der letzte vers ist mir zuerst gekommen:
sie kam u. ging in einem weißen kleid

nach dem sittich

flaumfeder, in der gardine
gefunden, vom fensterbrett
gekratzter vogelmist; hier
noch das eingeschrumpelte
rippchen salat. es ist ja
auch keiner mehr da, der
nico nico nico schreit
wenn du die küche betrittst
oder so; wer da rumort
ist noch allein das radio

der geist von spiez

ist noch keinem erschienen, wurde auch nicht
auf farbfilm gebannt, wir halten uns an den
hörfunkreporter, dessen stimme sich überschlug

als etwas sich auf dem rasen zutrug. doch da
saß einer mitten in berlin u. horcht den äther
ab auf frauenstimmen .. in anderen teilen der

republik hielt man sich aufrecht mit hausmusik
man spielte den flohwalzer immer mal wieder u.
fuhr nach kevelaer einmal im jahr .. im sommer

ging man auf omnibusreisen: familienlandheim
im westerwald, so auch in jenem verregneten
jahr, in dem der sommer gar kein sommer war

ein sonntagnachmittag, das radio lief *aus dem
hintergrund könnte rahn schießen, rahn schießt*
doch jener andere, obschon ein radiohörer, hält

sich von den ereignissen fern, äußert sich nicht
zu den helden von bern, die woche vor dem
bewußten finale trifft er adorno in einem hotel.

späte jahre

berlin ist kalt, doch der himmel schön blau, da
klingel ich nun, sozialer wohnungsbau. sie steht
in der tür, sieht nah zu mir hin, ich weiß nicht, ob

ich willkommen bin. doch in der stube, da träumst
du nachts von, ein stein aus der mauer von babylon
u. kommst du ihr in der küche zu nah, ergreift sie

die lanze aus sumatra.. u. dann die briefe, sie reicht
sie mir hin, in dieser schachtel sind sie alle drin, alle
die 252 briefe, die ihr der dichter schrieb, zwei jahre

lang, bis er im krankenhaus blieb .. der zweite kam
schon als blumengruß, verschleiert, weil er diskret
sein muß, die folie blättert in meiner hand, ich hätte

die schrift nicht von selber erkannt: er holt die worte
von überall her, nur myrtenblätter sind nicht im kuvert
u. dann berühre ich, obschon noch jung, erzitternd

die letzte mitteilung: zwiefach gefaltetes din a-5-
papier, ich kann das nicht lesen, ich sehe nur, hier
ist wieder u. wieder der stift verrutscht, schwächeln-

der kuli, die kappe zerlutscht, zu weich, es liegt
an den unterlagen, die zeitung, die bettdecke, nicht
zu ertragen .. sie blieb in der gegend, sie wohnt

allein, so weit zurückdatiert kann keine trauer sein ..

reprisen

I

schwarze rosen
ein finnisches lied
irgendwas
zwischen tango u. beat
die trauerstunden
du weißt es wohl
das alles geht nicht
ohne alkohol
das alles geht nicht
ohne phanodorm
erst wenn du schlafen kannst
beginnt die form
sich auszulösen
aus dem traumgesicht
so fremd am morgen
du begreifst es nicht
woher die worte sind
halb bild, halb beat
schwarze rosen
ein finnisches lied.

II

die trauerstunden
zu früh geübt
schon schwarz getragen
u. erst kaum verliebt
die engtanznummer
du weißt es wohl
dort in der brust
der unruhepol
den kopfhörer über
um gräber schleichen
auch was in vasen
vermodert gibt zeichen
ich sah die vermoosten
inschriften an
im hintergrund rauschte
die autobahn ..
noch kein gedicht gewußt
nur das geklimper hier
auf dem erwähnten
schwarzen klavier.

die fernen donner

aus der luft

wie lange kann ich am ufer gehen
ohne den eisvogel einmal zu sehen
wie er im sturz nach seiner beute
taucht / ich weiß nicht riecht es hier
nach kerosin ich kann im augenblick
kein wort verstehen du hast mich
vorhin nur so flüchtig angehaucht

die stille

die beiden ringeltauben wechseln wieder über
von jener hausantenne in den baum davor
nur kann ich heute ihren ruf nicht hören
so unter wasser fühl ich liegt mein ganzes ohr

es ist ein rauschen immer dort im hintergrund
u. etwas knirscht darin als rieb man styropor
daß ich die stimmen nicht mehr voneinander
trenne die hier im raum sind oder in dem raum

davor .. in meinen wangenknochen aber dröhnt
die autobahn im traum ein linienflug der nicht
mehr landen kann u. eine unruh dringt in mein
gehäuse vor diesseits der stirn der laufende motor

entfernte musik

die tropfkerzen brannten gefährlich herunter
du hingst nur da u. drücktest auf *repeat*
kein blick nach draußen, keine fremdwahrnehmung
für eine weile, die sich endlos zieht

der saphir furchte durch die feuchte rille
nach jeder seite war ein meer durchkreuzt
u. nur rein äußerlich war eine kurze stille
bevor die nadel wieder nach den träumen greift

cord

ein leises zwicken in der zone hier wo ich
den daumen auf die kordel hielt wie sie
den knoten zuzog überm packpapier das
ziepte etwas ich erinner mich: das mußte
weihnachten an ort u. stelle sein mit
bohnenkaffee markenschokolade filter-
zigaretten mit dem duft der großen weiten
welt der dann zu riechen war bis hinter
finsterwalde. das war was anderes als sonst
die schulspeisung: westpakete nannten
die das da. die ostverträge wurden auf
die art geschlossen. cordhosen trug man
nutzte tintenkiller man griff zu salzgebäck
u. sah den siebten sinn u. nahm sein herz
zum schlafen mit sich hoch aufs zimmer
das ziepte etwas ach es ziepte immer ..

dolby

die schwalbe, kickstarter, knattert noch immer
den feldweg entlang durch die stäubende flur
vergangene zeit, die inzwischen geteert ist
doch sehe ich hier auf der fotografie kein
anzeichen dessen, nur daß sie verkehrt ist
die nahen gitter: du siehst sie nicht, die
fernen donner: du hörst sie nicht, sie findet
mich nicht, die mit bleistift notierte, zu oft
radierte erinnerungsspur, das lang nicht
gehörte sommerlied bringt's nicht, es klingt
auf cassette so rauschunterdrückt *nach
süden nach süden wollte ich fliegen* so ging
es dahin über steinigem pfad, die reifen
verließen die erde, den staat, kein chicken-
nugget, gleich in welchen dip getunkt, bringt
jene schwüle, den dunst, die empfindung
das licht der broilerstube bis zu mir zurück

soljanka

schau der terrine tief bis auf den
grund vielleicht ist unten etwas
zu erkennen du führst den löffel
zögerlich zum mund u. pustest
noch um dich nicht zu verbrennen
wie fühlte deine sich die fremde
zunge an du wußtest kaum was
man mit zungen tat von spreewald-
gurken einmal ein salat noch wo
man lippen zu gebrauchen kann
aus einem sommer als die augen
brannten ein bündel briefe ist
bis heute unerwähnt mit lieben
grüßen zwischen unbekannten die
speichertür war ja nur angelehnt ..

crossen oder

ein anderer ort nicht aufzufinden in den
neuen karten ab hier verlassen uns die
dokumente es ist der sommerwind der
uns vermuten läßt: hier ging er heimwärts
ohne zigaretten nur in der hosentasche
noch ein letzter rest *gospodin .. robota*
du nix verstehn die formulierung war
nicht ganz dieselbe so splitter nur die
um die nase wehn / ein anderer splitter
stak im bein auf manchen fotos trägt er
kurze hosen doch nirgendwo kannst
du die mulde sehn .. so weit die füße
tragen in den weizenfeldern nur in der
dunkelheit kann er nach westen gehn
die nacht ist hell für alarmierte augen
wie sie bei torgau drüben erst die elbe
bei eilenburg wie sie die mulde sehn

die fernen donner

so seltsam kokelig wie es hier riecht
nicht räucherstäbchen noch verbrannte
nadeln folgt man den briefen war es
halb so wild in jenem sommer schreibt
er von der krim: viel obst viel ruhe
wenig tabakwaren. die rauhen hände
durch die immerfort die fünfzig perlen
einer kette gleiten die perlenschnüre
die vergißt er nicht. die hände die das
gute pulver schicken u. die getrockneten
vergißmeinnicht. so seltsam kokelig wie
es hier riechen tut verwahre bitte meinen
apparat recht gut u. stell die bücher zu den
andern hin du weißt wie stolz ich auf die
bücher bin. zitiert ein pauluswort erwähnt
tataren. von fernen donnern ist die rede nicht
jahrzehnte später liest man im gedicht:
viel obst viel ruhe wenig tabakwaren.

engelshaar

da ist es wieder man ist nicht so jung es
ist wohl der plötzliche wetterumschwung
dies ziehn in der hüfte da fällt mir ein das
schaf das eine mit dem streichholzbein
angelehnt an so ein büschel moos wie es
die stellung hielt am feuer fern der truppe
der engel fehlte leider u. da war kein neuer
verschwunden die ganze verkündigungs-
gruppe im letzten kriegsjahr mags gewesen
sein man saß bei kerzenschein um einen
teller suppe u. niemand wußte noch wo die
figuren waren niemand stand auf u. nahm
noch einen klaren u. sah noch mehrmals
auf dem speicher nach oder betrat das kalte
schlafgemach als fehlte niemand oder nur
die puppe der tag war nahe u. die frage
war nahm man lametta oder engelshaar

holzgas

das fotopapier, es reißt so schnell ein, was
keinen wundert nach den vielen jahren. der
junge ahnenforscher scannt die bilder ein
die lose eingeklebt noch in den alben waren
schwarzweißaufnahmen sind es allesamt u.
manche haben noch den weißen rand, doch
eines hat er links liegen gelassen u. traut sich
gar nicht, es anzufassen; warum eigentlich,
man sieht nur sechs männer, alle in westen u.
weißen hemden, manche mit fliege, manche
mit binder, einer trägt eine schlägermütze u.
in der weste eine taschenuhr: so zeigten sie
sich dem werksfotografen. nur: was stehen die
in ihrem sonntagsstaat still in der schlucht
aus stapelholz, da rechts u. links von ihnen
viele klafter ragen; so konnten sie doch keinen
handschlag tun, so konnten sie nichts in die
kisten packen, nicht eine wurfgranate u. kein
bindegarn. was taten die sonntags in der fabrik
mit holzgas, erzählt wer, trieb man traktoren an
damals, als man aus kohle margarine machte.

sturmholz

auf einer unscheinbaren flachen tiefdruckwelle
am stephanstag von der atlantikküste ritt er
heran mit zweimal hundert sachen: lothar war
hier anno 99 wie der die wipfel knickte na das
glaubst du gar nicht der himmel dunkel u. die
lampen flackern verfasser hat sich das herangegugelt
was an berichten so im umlauf war:
ein waldarbeiter liest er hat den tod gefunden
den er nicht suchte dort im unterholz. verfasser
möchte sich nun selbst ein bild verschaffen
im erlenbruch, im auenwald, wo pilze wuchsen
in den waldgewannen, kommt im morast kaum
einen schritt voran. so wie sie standen hier in
reih u. glied hat sie der sturm zerschlitzt u.
abgerissen: hybride pappeln, schwach beastet
die wurzelteller viel zu klein. da sieh die borke
sieh den splint: wenn auch veränderungen hier
kaum sichtbar sind, so ist das kernholz, früher
stark u. fest, jetzt mürbe, grau, ein aufgelassenes
hornissennest.. u. sieht die käfer laufen durch
das unterholz. u. hört die bienen summen hier im
unterholz. ein waldarbeiter träumt er hat den tod
gefunden den er nicht suchte hier im unterholz.

sirenen

dann geht das licht an in dem neuen raum
die vor uns kamen sind erst stunden fort
doch da sind dinge die sie übrig ließen
die erdnußbutter scheint beinahe ranzig
u. diese flusen u. das speiseöl .. ich kann
von dem angebrochenen zeug nichts zu
mir nehmen das erinnert mich zu sehr an
etwas nicht direkt den tod an irgendetwas
nur ich kanns nicht sagen es ist das dunkle
deutsche weizenbrot die halbe packung
liegt noch da im schrank .. da draußen hat
jemand um hilfe gerufen u. was ist das hier
wohl ovomaltine oder ein streit im nachbar-
apartment was wollten die mit soviel honig-
senf .. im kühlfach ist ein bißchen blattspinat
hier riecht wohl manches etwas eigenartig
sirenen draußen sag mal hörst du die die
ganze zeit schon u. dann die geräusche die
ungefähr aus richtung heizung kommen
so richtig dunkel wird die nacht hier nie

wind

jetzt ist das telefon zwölf tage tot. nachts an
den fenstern rüttelt der wind, zerrt u. heult;
der himmel bricht über den wassertanks; wie
abgeschnitten wir von allem sind. wenn ich so
liege u. es heulen höre, bild ich mir ein, daß
darin stimmen kommen, stimmen derer, die
jetzt abgeklemmt, daß wir für sie wie sie für
uns für lange zeit nicht mehr erreichbar sind.
die stimmen folgen mir bis in den schlaf, der
leicht ist u. so schwer gestört, denn nachts an den
fenstern rüttelt der wind, zerrt u. heult; es sind
so stimmen, die man schwerlich hört; sirenen-
übertönte windgespräche; ein ferngespräch aus
deutschland, hierhin abgeirrt. ein brummen in
der leitung, manchmal rauscht es auch, wenn
nachts der wind an unsern fenstern rüttelt, da ist
ein klagen drin, fast heiser, ferner hauch. jetzt
sind wir abgeklemmt u. draußen zerrt der wind.

alchemie

in meiner hand eine glühbirne springt die vierte
innerhalb ganz kurzer zeit drüben im studio hat
es geblitzt u. über uns wird jetzt chopin gespielt

es hat am donnerstag zum ersten mal geschneit
ich ging im central park u. war beinahe blind es
war mein kopf mit weißem licht gefüllt ich wußte

nicht mehr was ich denken sollte von manchen
dingen macht man sich so gar kein bild u. diesen
sender kriegt man ganz schlecht rein ist es weil tote

umgehn u. sie dürfen sich uns doch nicht zeigen
weil es unglück bringt wenn es denn stimmt was
indianer sagen ist hier ein ort wo sie erloschen sind

da das klavier in dem moment verstummt da in der
hand eine glühbirne springt platzt auch im auge
eine kleine ader drüben im studio hat es geblitzt

vigil

lange nach mitternacht östlicher zeit
auf spanischer seite der linie hier in
den blocks so verloren zu zweit von
unten brandet etwas oder rauscht zu
mir hörst du es nicht es weht woher
die katze hockt vor der apartmenttür
u. spricht in fremden zungen .. kann
sein da draußen ist noch jemand auf
dem flur hörst du es nicht ich sitze hier
u. eine zeile ist noch nicht gelungen ..
hörst du es nicht in meinem ohr pocht
blut du hast den schneehimmel zuerst
gesehen doch diese stunde will u. will
nicht gehen bis ich mich leise wieder
zu dir lege höre ich es: leise atmest du

radar

zuerst nur ein flimmern verteilt im schwarzen
lichtpunkte über uns die sich bewegen ordnen
sich nicht keine quelle erkennbar .. man sagt
das land sei streng überwacht doch sie passieren
es ohne zu halten sie kommen vom dunkel her
über long island sie kommen vom meer .. greifen
sie an oder gleiten sie weiter angeleuchtet vom
glühen der stadt kein stahl kein glas kein stein
sondern licht: flugkörper über der nächtlichen
skyline ich bin nicht mehr ganz der ich vorhin
war die möwen sind nicht mehr auf dem radar ..

wolken

auf meinem mantel die schneeflocke schmilzt an
meinen fingern klebt noch serviette: sie läßt sich
schwer essen, die polnische wurst, so auf der hand

u. halb im gehen, während der dampf aus kanälen
steigt. im schnee der maurer, der den gospel singt
ist eine szene wie aus einem film .. da überkommt

mich unbestimmter durst: der helle backstein ist
mir nicht so fremd, ein feuer schwelt u. ich kann
dunkel ein gesicht erkennen; mann, der im unter-

hemd an einer filterlosen zigarette zieht, u. höre
worte vom balkon her dringen: du möchtest bitte
jetzt nach drinnen kommen, wolken ziehen auf ..

altstimme

das ist gar kein herbstlaub, das sind diese motten
miniermotten überall in den kastanien, so wie
die käfer in den kartoffeln damals im sommer

kurz vor der währung, da war diese sendung
im zweiten kanal: bilder von sachen, die keiner
mehr kennt; die art u. weise, wie man früher

dachte .. du mußt mir die uhr demnächst anders
einstellen, damit die lampe abends wieder
länger brennt. hier ist deine mutter am anderen

ende, falls du den spruch heute abend noch
hörst; ich wollte nur sagen, der apfelbaum trägt
u. auch die hecke blühte schon zum zweiten mal.

epilog

dürers junge venezianerin

mit den rotblonden korkenzieherlocken, dem schwarzen
zierband an der linken schulter, halskette, lippen, makel-
losem teint, den braunen augen die nach innen schauen

hing überm fernseher oder kurz daneben wo die kredenz
war u. die chaiselongue, nahe der stadtansicht von münster
u. dem kalender *schönes sauerland* .. doch wurde kaum

von einem bild gesprochen, wenn überhaupt dann von
dem schlachtgemälde das so exotisch aussah in der
dunklen diele, darauf der satz: *the germans to the front*

nur keine augen die nach innen schauen. niemand kam
spät: ein schnaps ein butterbrot, gelegentlich hat es
nach gas gerochen u. eine ringeltaube rief vom hof

von bildern wurde nur am rand gesprochen, kaum je von
ruisdaels *windmühle bei wijk* mit küstenlandschaft unter
schweren wolken, wo sich an einer stelle zwar die wellen

kräuseln jedoch kein wind das schlaffe segel strafft: auf
solche feinheiten in raum u. zeit wurde man erst gar nicht
hingewiesen, nicht in der kunst noch in der wirklichkeit

u. keine augen die nach innen schauen, nur saft u. streusel
u. die stumme zeit im weichen sessel zwischen sofakissen
kein wort von lippen, korkenzieherlocken, u. *teint* kam

gar nicht erst im wortschatz vor. statt dessen krankheits-
fälle aus der nachbarschaft im altenheim war wieder wer
gestorben, niemand kam spät: ein schnaps ein butterbrot

jetzt war die lampe endlich an im zimmer, der pegel
stieg der krieg die landtagswahl, fast keiner achtet auf
das nebenbeigeflimmer die junge eiskunstläuferin aus

kanada u. in den wangen wie das heiße kam daß man
wohl sehen konnte was der junge dachte der sich im
sessel sonderbar benahm u. zu den unbewegten bildern

starrte .. die lippen namenlos, der hals, die kette, noch
gar nicht lange ist die zeit vorbei darin ich irrtümlich
im glauben lebte, daß sie die dame vom fünfmarkschein

sei, doch dann im samstagsfeuilleton der zeitung (ich
les das manchmal, aber auch nicht immer) im farbdruck:
halsschmuck, korkenzieherlocken mit der entsprechenden

bildunterzeile, so daß ich nunmehr ganz im bilde bin:
dürers junge venezianerin, die ich betrachte eine
kurze weile, doch ihre augen sehen nur an mir vorbei.

Inhaltsverzeichnis

stille quellen

turner, tod auf einem fahlen pferd   9
spuren   10
nocturne   12
trance   13
transit   14
jenseits   15
mauersegler   16
die stare   17
die schatten   18
der weg zurück   19
lützschena   20
das glück bei eichendorff   21
im vierten sommer   22
der spaziergang   23
debita nostra   24
milchsuppe   25
adern   26
stargazer   27
lochblech   28
stille quellen   29

rheinprovinz

scholen 33
fremde 34
rührmichnichtan 35
flimmer 36
elektrischer nie 37
stock der straße 38
ahnung 39
der leuscheid 40
auf dem lüderich 41
laudes 42
windbruch 43
beilstein, aus den annalen 44
woppenrother elegie 45
kastanien 48
das haus george 49
wasserspiegel 50
aus der stammgegend 51
neusser radierung 52

legenden

anderswo 55
waldschwimmbad 56
ringkarree 59
hof in palermo 61
der gesang der schwarzen letter 62
artus war ich 64
norbert von xanten 65
weißrussischer toast 66
abend in wien 67
totenzettel rudi molz 68
nachbild 69
nach dem sittich 70
der geist von spiez 71
späte jahre 72
reprisen I–II 74

die fernen donner

aus der luft 79
die stille 80
entfernte musik 81
cord 82

dolby 83
soljanka 84
crossen oder 85
die fernen donner 86
engelshaar 87
holzgas 88
sturmholz 89
sirenen 90
wind 91
alchemie 92
vigil 93
radar 94
wolken 95
altstimme 96

epilog

dürers junge venezianerin 99

Die meisten Gedichte dieser Sammlung sind zwischen
Dezember 2000 und September 2003 entstanden.

Die Arbeit des Autors wurde durch den Deutschen
Literaturfonds e. V. gefördert.

Sammlung Luchterhand – das literarische Taschenbuch

Ulrike Draesner, für die nacht geheuerte zellen
Gedichte. Originalausgabe
144 Seiten. Sammlung Luchterhand 2004

Günter Grass, Die Vorzüge der Windhühner
Gedichte und Zeichnungen
60 Seiten. Sammlung Luchterhand 2013

Friedrich Hölderlin, Einhundert Gedichte
192 Seiten. Sammlung Luchterhand 2057

Kerstin Hensel, Bahnhof verstehen
Gedichte 1955 – 2000. Originalausgabe
128 Seiten. Sammlung Luchterhand 2014

Norbert Hummelt, Zeichen im Schnee
Gedichte. Originalausgabe
112 Seiten. Sammlung Luchterhand 2005

Ernst Jandl, aus dem wirklichen leben
gedichte und prosa
192 Seiten. Sammlung Luchterhand 2031

Sammlung Luchterhand – das literarische Taschenbuch

Ernst Jandl, der künstliche baum
160 Seiten. Sammlung Luchterhand 2019

Ernst Jandl, Laut und Luise
208 Seiten. Sammlung Luchterhand 2030

Ernst Jandl, lechts und rinks
gedichte statements peppermints
144 Seiten. Sammlung Luchterhand 2043

Ernst Jandl, Letzte Gedichte
Originalausgabe
128 Seiten. Sammlung Luchterhand 2001

Ernst Jandl, peter und die kuh
176 Seiten. Sammlung Luchterhand 2020

Sergej Jessenin, Ein Rest von Freude
Gedichte
176 Seiten. Sammlung Luchterhand 2003

Ernst Meister, Der Schnee in deinem Namen
Liebesgedichte
96 Seiten. Sammlung Luchterhand 2056

Sammlung Luchterhand – das literarische Taschenbuch

Pablo Neruda, Balladen von den blauen Fenstern
Gedichte. Spanisch-deutsch
144 Seiten. Sammlung Luchterhand 2042

Pablo Neruda, Hungrig bin ich, will deinen Mund
Liebessonette. Spanisch/deutsch
112 Seiten. Sammlung Luchterhand 2015

Pablo Neruda, Liebesgedichte
spanisch/deutsch
240 Seiten. Sammlung Luchterhand 2040

Pablo Neruda, Der unsichtbare Fluß
Gedichte 1923–1973
272 Seiten. Sammlung Luchterhand 2002

Peter Turrini, Im Namen der Liebe
Gedichte
72 Seiten. Sammlung Luchterhand 2022

William Butler Yeats, Liebesgedichte
144 Seiten. Sammlung Luchterhand 2006